ich + du

Die Maus hat rote Strümpfe an,
damit sie besser laufen kann

Janosch

Die Maus hat rote Strümpfe an

Janosch's bunte Bilderwelt

Büchergilde Gutenberg

Lizenzausgabe für die Büchergilde Gutenberg,
Frankfurt am Main, Wien, Zürich
Mit Genehmigung des Beltz Verlages, Weinheim und Basel
Programm Beltz & Gelberg

Typografische Gestaltung von Hans-Peter Hühner
Gesetzt aus der Bookman ITC mager
Satz und Druck Beltz Offsetdruck, 6944 Hemsbach über Weinheim
Printed in Germany 1982. ISBN 3 7632 2384 3

Lied

Ich bin ein alter Rabe
und kenn die ganze Welt.
Das einz'ge, was ich habe,
sind Läuse und kein Geld.

Es war einmal
ein
der liebte einen Schwan.
Der Schwan war ihm zu brav,
da nahm er sich ein Schaf.
Das Schaf war ihm zu kraus,
da liebte er 'ne Maus.
Die Maus war ihm zu klein,
da liebte er ein Schwein.
Das Schwein war ihm zu rund,

da nahm er einen Hund.
Der Hund fiel von der Stiege,
Da liebte er 'ne Fliege.
Die Fliege flog ihm weg.
Jetzt hat er einen Dreck.

Häschen in der Stube
saß und schlief.
Saß und schlief.
Müdes Häschen denke dran
im Topf brennt deine Suppe an!
Häschen hüpf!

10 kleine Mausekinder

10 kleine Mausekinder
bauten sich ein Haus.
Das eine kroch ins Ofenloch
und kam nicht mehr heraus.

9 kleine Mausekinder
liefen nach Osnabrück.
Das eine ist zu weit gelaufen
und kam nicht mehr zurück.

8 kleine Mausekinder
saßen in einem Versteck.
Das eine saß zu lange dort,
und seitdem ist es weg.

7 kleine Mausekinder
wollten zum Tanzen gehn.
Das eine hat mit dem Fuchs getanzt
und ward nie mehr gesehn.

6 kleine Mausekinder
die fuhren mit der Kutsch.
Das eine wollt' mit dem Flugzeug fliegen,
da war es auch schon futsch.

5 kleine Mausekinder
kochten sich ein Ei.
Das eine fiel ins Ei hinein,
da war's mit ihm vorbei.

4 kleine Mausekinder
die hab'n einen Brief geschrieben.
Auf einmal war das eine fort –
wo ist es nur geblieben?

3 kleine Mausekinder
haben eine Wurst erworben.
Das eine aß zuviel davon
und ist daran gestorben.

2 kleine Mausekinder
haben kalt gebadet.
Das eine zog keine Hose an,
das hat ihm wohl geschadet.

1 kleines Mausekind,
das läßt dich vielmals grüßen.
Und wenn du über die Wiese gehst,
tritt es nicht mit den Füßen.

Die Maus hat rote Strümpfe an,
damit sie auf mir reiten kann.

Die Maus hat rote Strümpfe an,
damit sie sich verstecken kann.

I.

Kleine Tierkunde für Kinder.

Kennst du den Fuchs, den schönen roten,
mit seinen weichen Sammetpfoten?

Das Häschen mit den langen Ohren,
was hat es auf dem Feld verloren?

2.

Der Vogel hier auf diesem Ast
hat eine Maus bei sich zu Gast.

Der Löwe ist ein Musikante,
im Hintergrund steht seine Tante.

3.

Der Esel geht nach Paderborn,
dort hat er einen Strumpf verlor'n.

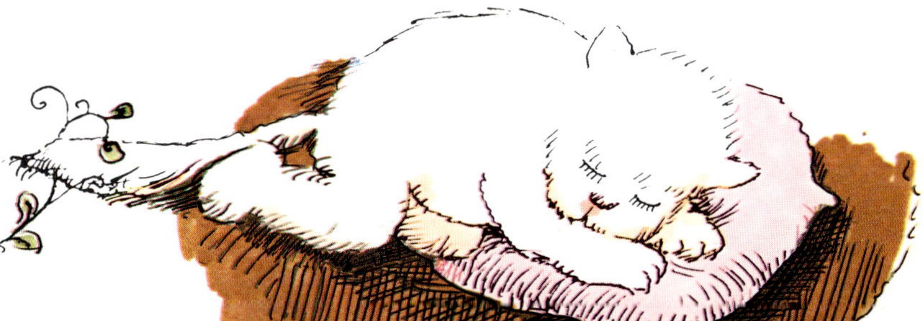

Das Kätzchen hier auf diesem Platze
schläft gern auf meiner Bettmatratze.

4

Der Ziegenbock geht in die Stadt,
weil er dort eine Freundin hat.

Herr Hummel spielt die Violine,
dafür küßt ihn die Honigbiene.

5

Der Frosch mit seiner grünen Weste
ist Lieblingsgast beim Storchenfeste.

Der Wolf im Pelz beißt dem Major
ein kleines Loch ins rechte Ohr.

6.

Der Hund singt in der Dämmerstunde
ein schönes Lied für Kunigunde.

Es tanzt der Hirsch im tiefen Tann
zusammen mit dem Jägersmann.

Der Elefant aus Singapur
hat eine neue Armbanduhr.

Das Krokodil liegt hier im Schnee
auf einem grünen Kanapee .

8.

Das arme Schwein hat in dem Bein
ein fürchterliches Zipperlein.

Die Maus fährt bis nach Dänemark,
denn Radeln macht die Wadeln stark.

9.

Die Ente schießt mit etwas Schrot
den Entenjäger etwas tot.

Der Rabe, der ist sauer heut,
darum trägt er ein Trauerkleid.

10

Der Tiger gibt mir einen Kuß,
damit ich mich nicht waschen muß.

Der kleine Bär trinkt gerne Bier,
was übrig bleibt, das schenkt er dir.

Heißes Liebeslied

Ach, wär ich ein Vögelein,
ich würde mich eilen
und käme zu dir,
würde bei dir verweilen.
Ich würde dich küssen.
Eine Dreiviertelstunde.
Dann flöge ich weiter.
Um die Welt.
Eine Runde.

Hänschen klein
saß allein
auf einem Kilometerstein.
Nach Haus ist's weit:
Herzeleid,
große Einsamkeit …

Die Grille und der Maulwurf

Eine Grille hatte den ganzen Sommer über nichts anderes getan, als auf ihrer Geige gefiedelt, weil ihr das so gut gefiel. Und als dann der Winter kam, hatte sie nichts zu essen; denn sie hatte das Feld nicht bestellt, also auch keine Ernte. Sie hatte keine Vorräte gesammelt. Hatte auch kein Winterhaus gebaut, mit Ofen. Da ging sie zum

Hirschkäfer. Der Hirschkäfer war der Oberförster vom Moosgestrüpp. Ein Oberförster muß zu den anderen Tieren gut sein und ihnen in der Not helfen. »Könnte ich bei Ihnen vorübergehend kostenlos wohnen?« fragte die Grille. »Nur für einen Winter, denn ich habe vergessen ...«

»Oh, vergessen«, sagte der Hirschkäfer, »vergessen! Ja, ja, das kennen wir. Erst den ganzen Sommer nutzlos herumfiedeln und dann auf anderer Leute Kosten leben. Nein, nein, Mariechen, geht nicht.«

Da ging die Grille mit ihrer kleinen Geige weiter und kam zu der Maus. Die Maus wohnte in einer verbeulten Gieskanne. Die Maus hatte so viele Vorräte für den Winter gesammelt, daß diese für drei Winter gereicht hätten. Und zwar für zwei Personen.

»Nur vorübergehend«, sagte die Grille. »Für einen Winter nur, wenn Sie das gestatten würden. Ich habe nämlich vergessen …«
»Oh, vergessen«, sagte die Maus, »vergessen! Ja, ja, das kennt man. Den ganzen Sommer lang herumfiedeln und nicht arbeiten und

dann auf anderer Leute Kosten leben wollen. Nein, nein, Mariechen, da wird leider nichts draus.«
Da ging die Grille mit ihrer kleinen Geige weiter und kam zum alten Maulwurf, der in einer Kellerwohnung wohnte. Mit Ofen. »Oh, Besuch«, rief der alte Maulwurf. »Kommen Sie doch mal näher.

Kann nämlich nicht gut sehen, bin etwas kurzsichtig auf den Augen, weil ich blind bin. Kommt von der schwarzen Erde unter der Erde, wo ich arbeite. Macht nix.«

Als er die Grille erkannte, freute er sich, denn er hatte im Sommer oft ihrem Gefiedel gelauscht. Wer schlecht sieht, der hört gern zu, wenn einer Musik spielt. »Spiel doch mal was auf der Geige, du!« sagte der alte Maulwurf. Und die Grille fiedelte und geigte, und der Ofen bollerte. Im Topf roch die Suppe, und so verging ihnen der Winter wie ein Tag. War ein schöner Winter für die beiden, wohl der schönste ihres Lebens.

Ein Elefant
stand am Strand
auf einer Hand.

Dann fiel er um.
Das war dumm.

Hasenliebe Hasenleid
eine kleine Ballade.

Sie küßten sich im Klee,
und dann fiel Schnee.
Dann fiel ein Schuß,
und dann war Schluß.

Diese Geschichte handelt von zwei Mäusen,
die so gerne Kinder bekommen wollten.
Sie wußten auch schon genau,
wie ihre Kinder werden sollten.
Als sie dann Kinder bekamen, kam aber alles
ganz anders, als die Eltern es wollten.
Und jetzt fängt die Geschichte an:

Die Maus und der Mauser in der Kaffeekanne, und was ihnen zum Glück noch fehlt

Es waren einmal eine Maus und ein Mauser, die waren zusammen verheiratet und wohnten in einer gemütlichen Kaffeekanne am Wiesenrand beim Blaubeerwald. Vorn hatten sie auch einen kleinen Garten.

Es ging ihnen gut.

Sie hatten alles, was das Herz begehrt.

Sie hatten genug zu essen, denn in der Nähe war ein großes Kornfeld. Sie hatten genügend Nüsse für den Winter, denn in der Nähe war ein großer Nußbaum.

Sie hatten mehr Holz zum Heizen, als sie tragen konnten, denn im Blaubeerwald wuchsen tausend und über tausend Bäume, jeder so dick, daß dreihundert Mäuse nicht einen einzigen hätten umfassen können.

Dreihundert zusammen nebeneinander, klar.

Kurzum, es fehlte ihnen nichts.

Da sagte eines Tages die Maus:

»Wir haben alles, was das Herz begehrt, Mauser. Aber weißt du, was uns zum Glück noch fehlt?«

»Ja«, sagte der Mauser.

»Was denn?«

»Kinder.«

Und das stimmte. Denn immer, wenn der Mauser so allein in seinem Garten die Blumen sägte und die Arbeit ihm nicht mehr so recht von der Pfote ging, dachte er:

»Wer einen Sohn hat, ist gut dran. Denn so ein kräftiger Bursche kann die Säge am anderen Ende packen, und schon ist die Arbeit nur halb so schwer.

Und noch besser ist dran, wer zwei Söhne hat.

Da kann der zweite Sohn die Säge nämlich am anderen Ende pakken, und der Vater kann sich ins Gras setzen und in Ruhe seine Pfeife schmaucheln. Ach ja!«

Ach ja, aber er hatte keinen Sohn.

Und zwei erst recht nicht.

Oder wenn er in der Ferne den frechen Fuchs über das Feld traben sah, dann drohte er ihm von weitem mit der Faust und brüllte hinter ihm her:

»Du Lump! Warte nur, wenn ich Söhne hätte. Die würden dir schon heimleuchten und dir den Bart barbieren. Aber ohne Seife und Handtuch! Die würden dich von der Erde pusten, daß du bis Hannover fliegst.
Und zwar ohne Flugzeug, du Zwerg!«

Nicht viel anders erging es der Maus. Wenn sie abends unter der Lampe ihr Kleid flickte und mit den Augen nicht mehr so recht sehen konnte, sagte sie zum Mauser:
»Wer eine Tochter hat, ist gut dran, Mann. Denn so ein fleißiges Mädel kann der Mutter den Faden ins Nadelöhr fädeln mit ihren scharfen Äuglein und ihr beim Nähen helfen mit ihrer weichen Seidenpfote. Und die Mutter kann sich in den Sessel setzen und in Ruhe die Zeitung lesen. Ach ja!«
Ach ja, aber sie hatten keine Tochter.
»Wir sollten eine Tochter bekommen, Mauser«, sagte die Maus.
»Nein«, sagte der Mauser, »besser einen Sohn.«
»Nein, nein, eine Tochter.«
»Einen Sohn.«
»Tochter.«
»Sohn.«
Und so zankten sie sich hin und her, der Sommer verging, und sie bekamen überhaupt kein Kind.
Das kommt davon.

Freude macht glücklich, und was man aus einer Nußschale und zwei Kinderwagenrädern machen kann

Der Winter war so kalt, daß sie beinahe erfroren wären, hätten sie keinen Ofen gehabt. Dann kam der nächste Sommer, die Sonne schien ihnen auf die Pfoten, und sie freuten sich so sehr darüber, daß sie ihren Wunsch vergaßen. Denn Freude macht glücklich. Und dann eines Tages geschah etwas. Na, weißt du schon was? Stimmt genau.

Eines Tages nämlich ... und zwar ist bei den Mäusen die Nacht der Tag, und der Tag ist die Nacht, denn sie schlafen am Tag und arbeiten in der Nacht. Damit sie im Dunkeln niemand sehen und dann verfolgen und dann fressen kann. Deswegen haben die Katzen ja auch grüne Lichtaugen. Damit sie die Mäuse in der Nacht besser sehen und dann verfolgen und dann fressen können. So ist das. Eines Tages also ...

Der Tag ist ja die Nacht, und der Mauser und die Maus lagen im Bett und schnarchten wie zwei Waldesel, weil sie in der Nacht so schwer

gearbeitet hatten, eines Tages also, mitten im Schlaf, bekamen sie zwei Kinder.
»Oh«, rief der Mauser, »Söhne.«
»Nein«, sagte die Maus, »Töchter.«
»Söhne.«
»Töchter.«
»Söhne.«
Müßt ihr euch denn immer streiten, Eltern!
Es waren nämlich – ein Sohn und eine Tochter.
Mann, o Mann, das war aber ein Jubel in der Kaffeekanne! Für die beiden Eltern begann jetzt ein geschäftiges Leben, denn sie suchten das beste Futter für ihre Kinder. Sie striegelten sie von vorn und hinten, und der Mauser brachte aus dem Försterhaus eine fast neue Streichholzschachtel mit: ein Bett.
Zum Schlafen, für die Kinder. Damit sie es bequem haben sollten.
»Aber jetzt sind wir glücklich, Maus«, sagte der Mauser und baute aus einer Nußschale und zwei kleinen Kinderwagenrädern einen Kinderwagen.
Zum Spazierenfahren.

Auf dem Waldweg am Sonntagnachmittag. Mit den Kindern. Sich protzen, die Kinder vorzeigen und stolz sein ... Vorneweg ging der Vater, der Mauser, mit seiner kleinen Schmauchpfeife. Ja, seid ihr denn verrückt geworden, ihr kleinen Dummköpfe? Wenn euch der Kater Kümmel erwischt, ist es Feierabend. Dann frißt er euch mit Haut und Haar.
Oh, Stolz macht so dumm!
»Mein Sohn soll *Löwenzahn* heißen«, sagte der Mauser. »Damit er stark wird wie ein Löwe und ungefähr genauso groß. Wegen dem Fuchs, damit er ihn beißen soll, den Halunken. Damit der Fuchs sich wundert.«
Die Maus wollte, daß die Tochter *Seidenpfote* heißt. »Weil ein Mädel zart und lieblich sein muß«, sagte sie. »Und fleißig und klug.«
»Jetzt haben wir für unsere Kinder gut gesorgt«, sagte der Mauser. »Denn Löwenzahn wird stark wie ein Löwe und Seidenpfote zart und lieblich wie eine Zuckermaus.«
Aber es kam genau anders.

Hallo, Mister Schmetterling!

Es kam nämlich genau umgekehrt. Löwenzahn wuchs nicht und blieb klein und schmächtig. Dafür wurde er aber schlau.
Seidenpfote wurde auch nicht zart und lieblich, und schon gar nicht wollte sie nähen. Aber sie wurde mutig und verwegen wie ein Räuberhauptmann. Kaum, daß sie ein bißchen laufen konnte, kletterte sie auf die höchsten Grashalme und ließ sich vom Wind schaukeln. Am liebsten bei Sturmwind.
Oder sie sprang von oben in die Tiefe: »Weg da, Löwenzahn, ich springe …!«
Oder sie kletterte auf kleine Bäume, nahm in jede Pfote ein Baumblatt und segelte nach unten. Fallschirmspringen. Da braucht man Mut. Das kitzelt innerlich. Aber es ist schön.
Indes die Eltern machten sich Sorgen.

»Wie soll denn aus unseren Kindern jemals etwas werden«, sagten sie, und der alte Mauser brachte aus der Stadt fast eine ganze halbe Dose Kraftfutter für Katzen mit. Für Löwenzahn. Zum essen. Zum stark werden. Aber Löwenzahn aß das nicht. Er sagte:
»Vater, das schmeckt nach Katzenfutter, das esse ich nicht. Ich bin doch keine Katze.«
Aber Seidenpfote labte sich daran, aß jeden Tag fünf Portionen und bekam davon Kraft und Mut. Und bald war das Fallschirmspringen ihr nicht verwegen genug.

»Man fliegt dabei immer nur von oben nach unten, Löwenzahn«, sagte sie. »Ich müßtc umgekehrt fliegen können. Von unten nach oben. Wie eine Rakete.«
»Das ist ganz einfach«, sagte Löwenzahn, und er baute eine doppelte Mauseschleuder. Aus zwei Weidenruten. Diese werden mit dem einen Ende zwischen zwei Steine in die Erde gesteckt. Und dann muß man den Dachs holen.

»Kommen Sie doch mal herüber, Herr Dachs. Ziehen Sie bitte einmal das untere Ende der doppelten Mauseschleuder nach unten. Sooo, jawohl. Ein Nachbar muß nämlich dem anderen helfen. – Und jetzt aufgestiegen, Seidenpfote! Es geht sofort los. Countdown. Aufgepaßt:
Vier–drei–zwei–eins–null!«
Oh, ist das schön.
Gut gelandet, Seidenpfote?
Wir gratulieren.

Indes die Eltern machten sich Sorgen.
»Das Mädel kann nichts lernen«, sagte die Mutter, »weil sie keine Bücher hat.« Und sie brachte aus der Bücherei sieben Rucksäcke voll Buchseiten mit. Das hätte für einen ganzen Professor gereicht, einem kleinen natürlich.
Aber Seidenpfote aß kein einziges Blatt. Aber Löwenzahn aß alles ratzekahl auf, und du kannst dir denken, *wie* schlau er davon

wurde. Bald war Seidenpfote das Fliegen mit der Mauseschleuder nicht mehr verwegen genug. Nicht mehr hoch genug, nicht mehr weit genug.
Sie wollte in der Luft schweben wie ein Vogel.
»Fang mir doch ein Flugzeug, Löwenzahn, ja!«
»Ganz einfach«, sagte Löwenzahn und legte über eine Honigblume ein Fanglasso.
»Hallo, Mister Schmetterling! Kommen Sie und riechen Sie doch mal an der süßen Honigblume. Ist überhaupt nicht gefährlich.«

So ist es richtig, jawohl. Schon gefangen!
»Flattern Sie nicht so herum, ist halb so schlimm. Und entschuldigen Sie, daß wir Sie ein bißchen fesseln müssen, wir brauchen nämlich ein Flugzeug.
Ist ja nur leihweise, nachher sind Sie wieder frei.
Eingestiegen, Seidenpfote, in die blaue Gondel und aufgepaßt, das Seil wird gekappt. Und wink mir von oben, Schwesterherz!«

Oh, ist das schön.
Da unten ist ja die ganze große Wiese.
Wo wohnen denn die guten Eltern? Ach, daaaa…
»Löwenzahn, ich winke dir.
Kannst du mich denn noch sehen, Bruder?«

Die Nußschale ist ein Kahn, der Knopf ist eine Maus, und die Krone gehört einem König

»Ich bin ein Vogel, Löwenzahn, denn ich habe die Luft erobert«, sagte Seidenpfote. »Jetzt will ich ein Fisch sein. Fang mir doch mal ein Unterseeboot.«
Das ist so leicht gesagt, aber Unterseeboote fliegen nicht in der Luft herum. Weißt du, wie man eine Taucherglocke baut? Und zwar für Mäuse? Ist ganz einfach. Du legst eine Streichholzschachtelschublade auf das Wasser in der Badewanne. Sie schwimmt. Dann legst du einen Knopf hinein. Der Knopf hat einen Faden; der Faden ist der Schwanz, und der Knopf ist die Maus, und die Schublade ist der Kahn. Jetzt nimmst du ein Wasserglas und stülpst es *senkrecht* über den Kahn mit der Maus mit dem Schwanz und drückst es senkrecht gerade nach unten.
Und was passiert jetzt? In der Tauchglocke bleibt Luft, damit die Maus atmen kann. Und der Kahn geht nicht im Wasser unter, er bleibt trocken, und die Maus kann mit dem Kahn in der Taucherglocke herumpaddeln und kann hinausschauen.
Ist das nicht fabelhaft?
Nun könntest du einen Stein auf die Taucherglocke legen, weil sie sonst wieder von selbst nach oben kommt. Die Maus kann so lange unter Wasser bleiben, so lange sie Luft zum Atmen hat und bis der

Sauerstoff verbraucht ist. So geht das also mit der Taucherglocke. »Hilf mir doch mal tragen, Seidenpfote, wir brauchen zuerst einen Kahn.«

Und dann einen Stein auf das Glas gebunden. Das Seil geht hinunter nach innen ins Glas.
»Wenn du hochsteigen willst, Seidenpfote, mußt du an dem Seil ziehen. Dann rutscht der Stein herunter, und die Taucherglocke kommt hoch. Kannst du dir das merken?«
Das ist ja ganz einfach.

»Kommen Sie doch mal herüber, Frau Fischotter. Und jetzt nehmen Sie die Taucherglocke vorsichtig in die Pfoten, denn ein Nachbar muß dem anderen immer helfen. Sooo. Und jetzt stülpen Sie die Glocke über den Kahn. Im Kahn sitzt nämlich meine Schwester. Vorsichtig! Und jetzt soll die Taucherglocke sinken. Tauchstation! Schönen Dank, Frau Otter.«
»Gern geschehn. Ein Nachbar muß dem anderen immer helfen.«
Wer klopft denn da so frech an meine Tauchstation? Einer, der grün ist. Grün ist der Förster. Aber der Förster hat einen Bart. Haben Sie einen Bart? Nein. Dann sind Sie ein Frosch. Kommen Sie doch einmal herein, Sie Frosch! Nein? Dann eben nicht.

Und wem gehört die Königskrone da auf dem Meeresgrund? Ist die vielleicht aus echtem Gold? Ist aus echtem Gold. Na, dann gehört sie einem König.
Und der Schlüssel? Wem gehört der Schlüssel? Auch einem König? Nein, der gehört dem Wachtmeister Stiefelknecht. Der hat ihn letzten Sommer beim Baden hier verloren. Das ist der Schlüssel von seiner Waschküche. Jetzt kann seine Frau keine Wäsche mehr waschen, jetzt haben sie keine sauberen Hemden und Hosen mehr, jetzt müssen sie nackt herumlaufen. Das kommt davon, wenn man auf seinen Schlüssel nicht aufpaßt.

»Ade, lieber Frosch. Hat mich gefreut, Ihre Bekanntschaft gemacht zu haben. Ich ziehe jetzt an dem Seil. Der Stein rollt herunter, die Tauchstation steigt auf.« Das war ein schönes Abenteuer.

O Löwenzahn, die Welt ist schön

Draußen auf dem Feld sagte Seidenpfote zu Löwenzahn: »Uns gehört der Himmel, weil wir fliegen können. Und das Meer und das große Kornfeld und der große Nußbaum, weil wir sie brauchen. Wir müssen die ganze Welt kennenlernen, Löwenzahn. Eine Runde ringsherum fahren, hin und zurück. Geht das?«

»Das geht«, sagte Löwenzahn. Denn hinten in dem Haus wohnte der Bauer Michel mit seinem tollen Auto.

»Komm, Seidenpfote, wir müssen uns sputen.«

Der Bauer Michel fährt um sieben Uhr in der Früh in die Stadt, Eier verkaufen und Nägel holen, weil er den Zaun reparieren muß.

»Komm, Seidenpfote, komm! Es ist schon halb sechs, und der Weg ist weit. Wer zu spät kommt, fährt nicht mit.«
Und jetzt mit Schwung hinaufgerannt, Seidenpfote, dein Bruder zieht dich nach oben. Herr Michel, Ihr Rücklicht ist beschädigt. Das geht nicht, Sie. Das kostet Strafe. Hoffentlich erwischt ihn nicht die Polizei, dann muß nämlich Seidenpfote fliehen, und aus ist es mit der Weltreise!

Indes machten sich die Eltern unnötig Kummer und Sorgen.
Wenn sie abends unter der Lampe saßen und die Mutter ihr Kleid allein flickte und den Vater die Pfoten schmerzten vom Sägen, sagte er:
»Was soll aus unseren Kindern bloß werden? Löwenzahn ist klein wie eine Fliege, er kann doch nie den Fuchs beißen. Ach, Gott.«
Und auch die Mutter war mit Seidenpfote nicht zufrieden.

Um sieben fuhr Herr Michel mit seinem tollen Auto los.
»Auf Wiedersehen, Seidenpfote. Komm bald wieder!

Erzähle mir dann alles, ja! Ich warte hier auf dich.«
He, Bär! Wir können euch doch sehen. Versteckt euch im Kornfeld!

Um zwölf kam der Bauer Michel wieder nach Hause. Er hatte Hunger und wollte Mittag essen. Er hat auch Nägel mitgebracht aus der Stadt. Er hatte in der Stadt das tolle Auto geparkt, und Seidenpfote war heruntergesprungen:
»Vorsicht, Menschen, daß ich euch nicht auf die Füße springe!«

Sie ist herumgegangen. Das war lebensgefährlich. Sie hätten Seidenpfote beinahe zertreten können. Paß auf, Seidenpfote!
Dann fuhr Bauer Michel zurück.
Das ist wohl eine rasende Fahrt gewesen. Erzähl mal, Seidenpfote!
»O Löwenzahn, die Welt ist schön«, sagte Seidenpfote. »Nur die Menschen stören. Man kann froh sein, wenn man überlebt, Löwenzahn, Bruderherz. Wir fuhren eine ganze Runde um die Welt, ist echt wahr. Und die Welt ist schön.«
Und dann gingen sie zurück zu ihren Eltern, sich wärmen.

Die Maus und der Mauser in der Marmeladendose, und was ihnen zum Glück noch fehlt

Der Winter war schön. Seidenpfote und Löwenzahn fuhren Schlitten und warfen dem Oberförster Schneebälle nach. Haben aber nicht getroffen.
Er war zu weit weg.
Sie drohten dem Fuchs mit den Pfoten und riefen:
»Komm doch her, du Feigling, damit wir dir das Fell über die Ohren ziehen können!«
Aber er kam nicht. War wohl zu feige. War auch besser für ihn. Hat sein Leben gerettet.
Sie bauten einen Schneemann. Pardon! Das war falsch, sollte heißen: einen *Schneemauser.* Weil ein Mann ja ein Mauser ist. *Schneemauser* – jetzt stimmt's.

Als dann der Frühling kam, heiratete Seidenpfote einen jungen Mauser. Sie wohnten zusammen in einer gemütlichen Marmeladendose, und es ging ihnen gut; denn sie hatten alles, was das Herz begehrt.

»Weißt du, was uns zum Glück noch fehlt«, sagte Seidenpfote.
»Ja«, sagte der junge Mauser. »Kinder. Söhne!«
»Nein, Töchter«, sagte Seidenpfote.
»Söhne.«
»Töchter«, sagte Seidenpfote, »damit sie mir beim Nähen helfen können.«
»Söhne, damit sie den Fuchs beißen.«
Oh, Eltern, müßt ihr euch denn immer streiten? Sie bekamen Söhne *und* Töchter, und es kam ganz anders, als die Eltern es wollten. Genau umgekehrt nämlich.

He, Löwenzahn, wo gehst du denn hin?
»In die Stadt, berühmt werden.
Adieu, Leute, ihr werdet von mir hören. Adieu ...«

Weine nicht, mein Gretchen

Weine nicht, mein Gretchen,
weine nicht so sehr.
Du bist ein schönes Mädchen,
und der Hannes ist ein Bär.
Erst hat er dich geküsset,
und dann ließ er dich stehn.
Das eine ist wohl traurig,
aber das andere war schön.

Der Frühling.

Der Frühling kommt oft unverhofft
in unsern kleinen Garten.
Hat gar nicht an das Tor geklopft,
weiß, daß wir auf ihn warten.

Der Sommer.

Im Sommer brauch ich kein Jackett,
es kann mir nimmer kalt sein.
Der kühlc Fluß, das ist mein Bett.
Der Sommer soll doch bald sein.

Der Herbst.

Der Herbst, der geht durch Wald und Flur
mit Stiefeln, Schal und Mütze.
Sieht in der Luft die Vögel nur
und tritt in jede Pfütze.

Der Winter.

Der Winter ist ein kalter Mann,
und viele Leute frieren.
Der Bär hat warme Strümpfe an.
Da kann man gratulieren.

Pepita

Pepita hat ein Röckchen an,
das ist etwas zu klein.
Die Mutter näht ein Stückchen dran –
jawohl, so muß es sein!

Fahre, Schifflein, fahre,
fahre um die Welt.
Fahre viele Jahre,
so lang dein Segel hält.
Ist deine Fahrt zu Ende,
dann komm zurück nach Haus,
such für mich in der Fremde
das schönste Mädchen aus.

Kinder-ABC

Was Anton kann

Was Adele kann

Boxen

Blümchen pflücken

Christbaum schmücken

Christian küssen

Drachen bauen

Ganz dumm
einen Knicks
machen

Eimer tragen

Engelchen spielen

Fritz verprügeln

Frieden stiften

Große Schritte machen

Ganz still sein

Hasen fangen

Hasen retten

Indianer sein

Igel füttern

Jeden besiegen

Jungen jagen

Kirschen klauen

Kirschen essen

Lärm machen

Lollis lutschen

Mann spielen

Marmelade kochen

Nägel krumm schlagen

Nachts nackter Neger sein

Ostereier verstecken

Oben sitzen

Prahlen

Pusteblumen pusten

Quadrate zeichnen

Quirilieren

sich rasieren

Rosen geschenkt bekommen

Stark sein

auf einem Strich balancieren

Turnen

Tiere schön streicheln

Unmengen essen

ein Ungeheuer sein

Vagabund spielen

Vanillenpudding kochen

Wache halten

Weinen und weinen und weinen

X-Beine machen

X-mal sagen:

»Du bist ja dumm . . .«

Ypsilon schreiben

Ypsilon wegwischen

Zwei Fliegen mit einer Hand fangen

Zehn Fliegen mit einer Hand verjagen

Weh weh Windchen,
jag nicht das Hündchen,
schreck nicht die Maus,
schütz lieber mein Haus.

9 kleine Riesen

1 kleiner Riese,
der kochte zuviel Brei.
Da lud er seinen Bruder ein,

jetzt waren sie schon 2

2 kleine Riesen
hatten 'ne Keilerei.
Kam einer an und half ihnen,

da waren sie schon 3

3 kleine Riesen
gingen zum Barbier,
der ist mit ihnen mitgegangen,

da waren sie schon 4

4 kleine Riesen
beschmierten sich mit Senf.
Sie haben einen zuviel beschmiert,

da waren sie schon 5

5 kleine Riesen,
die waren ein Riesenklecks.
Da fing ein großer Regen an,

auf einmal war'n sie 6

6 kleine Riesen
sind heut zu Haus geblieben.
Kam einer, hat sie abgeholt,

da waren sie schon 7

7 kleine Riesen,
die haben laut gelacht.

Kam einer an,

hat mitgelacht.

Da waren sie schon 8

8 kleine Riesen,
die waren so allein.
Kam ein Besuch aus Portugal,

da waren sie schon 9

9 kleine Riesen
spazierten hin und her.
Sie fielen in ein Mauseloch:

Jetzt gibt's keine Riesen mehr.

Ein Känguruh

Ein Känguruh
sprang auf mich zu.

Ich sprang weg.
Jetzt hat's 'nen Dreck.

Ach, du armer Regenwurm,
bist kleiner als der Eifelturm,
aber größer als ein Fliegenbein.
Da kannst du wirklich glücklich sein!

Summ . . . summ . . . summ.
Bienchen, sei nicht dumm.
Hol dir Honig aus dem Topf.
Aber schlag dir nicht den Kopf.
Summ . . . summ . . . summ.
Ach, Bienchen, warst du dumm.

Morgenlied eines Katers an die Sonne

Liebe Sonne scheine
auf meine kalten Beine.
Lieber will ich barfuß laufen,
als mir ein Paar Stiefel kaufen.

Es war einmal ein Hans juchhe..

Es war einmal ein Hans juchhe,
der hatte eine Gans juchhe.
Die Gans war ihm zu weiß juchhe.

Da nahm er sich 'ne Geis juchhe.
Die Geis hat gelbe Schuh juchhe.

Da nahm er sich 'ne Kuh juchhe.
Die Kuh wollte nichts tun juchhe.

Da nahm er sich ein Huhn juchhe.
Das Huhn flog übern Zaun juchhe.

Da nahm er sich zwei Fraun juchhe.

Die haben sich beschwert juchhe.

Da kauft er sich ein Pferd juchhe.

Das trägt ihn jetzt ein kleines Stück.
Ade, leb wohl, du Hans im Glück!

Krokodil

Krokodil
schwamm im Nil.

Kam ein Mann,
hielt es an.

Macht es kreck,
war er weg.

Es war einmal ein Mann...
Es war einmal ein Mann, der hatte einen Kahn.
Der Kahn war ihm zu groß, da baut er sich ein
Floß. Das Floß war ihm zu klein, da fiel er in

den Rhein. Im Rhein war zu viel Dreck,
da

lief der Mann weit weg. Weit weg war
ihm zu weit. Da kauft er sich ein

Kleid. Das Kleid war ihm zu blau,
da kauft er sich 'ne Sau

Die Sau war ihm zu alt, da ging er
in den Wald.
Im Wald war eine Maus, die
nahm ihn mit nach Haus. Zu Hause
war ein Mauseloch, dort ist der
Mann wohl heute noch.

Hosentaschengedichte

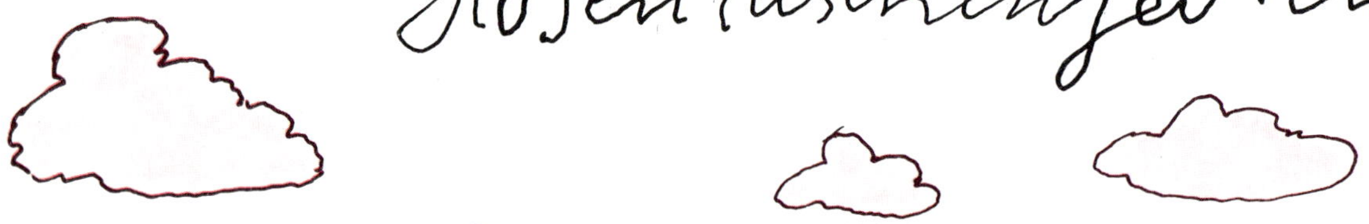

Ein Knabe und ein Rabe,
die gingen durch das Korn.
Der Knabe, der ging hinten.
Aber der Rabe, der ging vorn.

„Ich muß dringend verreisen,"
sagte Frau Eisen
morgens um sieben.
Aber dann ist sie geblieben.

Geh', mein Hänschen, gehe
hinaus in die weite Welt.
Aber kauf dir keine Pfeife
und keinen Tabak für dein Geld.
Kauf dir eine Fiedel
und spiel etwas darauf.
Aber spiel ein lust'ges Liedel
und höre niemals auf.

Inge,
du Schling.

Anette
du Klette.

Hansel
Schimpansel.

Hasenkinder seid nicht dumm

Die Geschichte vom Hasenkind Jochen Gummibär
und seinen Geschwistern
Bobbo, Bubbi, Babba und Bibbelchen,
und wie sie den Fuchs besiegen.
Diese Geschichte handelt außerdem davon,
warum es gut ist, sich vor nichts, aber
auch vor gar nichts auf der Welt zu fürchten.
Und jetzt geht es los!

Wo ist Jochen Gummibär?

Es war einmal eine gute Hasenmutter, die hatte fünf kleine Hasenkinder:

Das erste hieß Bobbo.
Das zweite hieß Babba.
Das dritte hieß Bubbu.
Das vierte hieß Bibbelchen.
Und das fünfte hieß Jochen Gummibär.

Jochen Gummibär war nämlich nur so groß wie ein Gummibär, ist ganz ehrlich wahr. Aber er war so mutig wie ein Löwe. Jeden Tag sagte die gute Hasenmutter mindestens vierzig Mal:

»Fürchtet euch nur immer vor dem Fuchs, damit er euch nicht frißt, Kinderchen. Ihr erkennt ihn am buschigen Schwanze hinten. So, nun wißt ihr Bescheid.«
»Nun wissen wir Bescheid«, riefen die Hasenkinder und fürchteten sich sehr.
Nur Jochen Gummibär fürchtete sich nicht. Weil er sich vor nichts auf der Welt fürchtete.
»Was, fürchten?« rief er. »Ich – mich – fürchten? Nie und nimmer nicht und schon gar nicht vor dem Fuchs, weil ich mich vor nichts auf der Welt fürchte. Soll er doch mal kommen, ich packe ihn mit *einer* Pfote, jawohl.«
Jochen Gummibär, bist du vielleicht ein Prahlhans?
Die gute Hasenmutter wohnte mit ihren fünf lieben Kinderchen im Blaubeerwald unter einer Baumwurzel.
Wo ist denn Jochen Gummibär?
Ist ja nicht auf dem Bild. Jochen Gummibär,
Jochen Gummibär, wir rufen dich!
Ist nicht zu finden.

Jochen Gummibär streifte nämlich den ganzen Tag im Wald umher. Suchte nach Abenteuern, jagte wilde Käfer und zähmte sie. Ließ sich von Hummeln durch die Luft tragen.
Und so verging ein Tag um den anderen. Die Hasenkinder spielten im Wald mit ihrer Schwester Ball. Jochen streifte durch die wilde Hasensteppe und kroch in alle gefährlichen Löcher und Höhlen, und die gute Hasenmutter kochte zu Hause Krautsuppe.
Ach, da bist du ja, Jochen, du kleiner Schlingel. Springst von einem hohen Pilz in die Tiefe. Mit Fallschirm natürlich, damit du dir nicht die Löffel verbiegst.

Hasenkinder, hebt die Beinchen,
hoppelt über Stock und Steinchen,
hoppelt um den Ententeich,
Hasenkinder tummelt euch.

Abends, wenn die Hasenkinder nach Hause kamen und ihre Krautsuppe gegessen hatten, legte sie die gute Hasenmutter ins Bett und sagte: »Nun schlaft schön, Kinderchen, träumt vom Fuchs und fürchtet euch, damit er euch nicht frißt. Und merkt es euch gut: Man erkennt ihn an seinem buschigen Schwanze hinten. Gute Nacht.«
Und wieder fürchteten sich die Hasenkinder vor dem Fuchs. Außer Jochen. Er fürchtete sich nämlich nie. Auch nicht im Traum.

Der weise Dachs hat hundert Bücher

Eines Tages aber sagten die kleinen Hasenkinder zu ihrer Mutter: »Wir wollen in die Welt hinaus und das Leben erforschen, Mutter. Wir wissen jetzt schon Bescheid, und uns kann nichts passieren.«
»Was wißt ihr denn schon?« fragte die gute Hasenmutter.
»Daß der Fuchs einen buschigen Schwanz hinten hat, daran können wir ihn erkennen, damit er uns nicht frißt. Ist das gut?«
»Das ist gut«, sagte die gute Hasenmutter, »dann wißt ihr Bescheid.« Sie striegelte ihnen noch die Löffel und gab jedem ein Schnupperküßchen mit auf den Weg.

Dem Bobbo eines,
dem Babba eines,
der Bubbu eines,
dem Bibbelchen eines.
Und eines für Jochen Gummibär.

»So, nun geht und vergeßt es nie, meine liebe Kinder: Den Fuchs könnt ihr am buschigen Schwanze hinten erkennen, damit er euch nicht frißt.«

Hasenkinder hebt die Beinchen,
hoppelt über Stock und Steinchen,
hoppelt um den Ententeich,
Hasenkinder, tummelt euch.

Vorne lief Bobbo
und hinter ihm Bubbu.
Und hinter ihnen Babba,
und ganz hinten Bibbelchen.

Wo ist denn schon wieder Jochen Gummibär?

Nach einer Weile kamen sie zum alten Dachs. Der alte Dachs war ein weiser Mann. Er wußte beinahe alles. Er kannte jede Pflanze

und jeden Wilddieb. Er wußte das Wetter von morgen schon heute und hatte hundert Bücher.
»Wo geht ihr denn hin, Kinderchen?« fragte der alte Dachs.
»In die Welt hinaus«, riefen die Hasenkinder, »nämlich das Leben erforschen, und uns kann nichts passieren, denn wir wissen Bescheid. Der Fuchs hat hinten einen buschigen Schweif, ist das gut?«
»Das ist gut«, sagte der alte Dachs. »Aber habt ihr denn auch Bücher?«
»Bücher? Nein, wofür denn?«
»Bücher machen schlau«, sagte der alte Dachs und gab ihnen Bücher.
Nur Jochen Gummibär wollte kein Buch. »Bücher?« sagte er. »Bücher müßte ich tragen. Dann kann ich nicht mehr so schnell laufen. Kann nicht mehr durch die Luft segeln ...«
Wo bist du überhaupt, Jochen? Wir können dich nicht sehen. Ach, da. Wer Jochen Gummibär findet, darf sofort weiterlesen.
Die nächste Geschichte handelt vom Hahn.

Der Hahn

Als die Hasenkinder zum Dorf kamen, krähte dort der Hahn auf dem Mist.
»Wo geht ihr denn hin, Kinderchen?« fragte er.
»In die Welt hinaus«, riefen die Hasenkinder nach oben. »Das Leben erforschen, aber uns kann nichts passieren, denn wir wissen schon

Bescheid und fürchten uns vor dem Fuchs, damit er uns nicht frißt. Und wir haben auch Bücher. Ist das gut?«
»Das ist gut«, krähte der Hahn. »Dann merkt euch nur immer, was eure gute Mutter gesagt hat. Und lest fleißig in den Büchern, die der weise Dachs euch gegeben hat. Und nun geht schon!«
Da hoppelten die Hasenkinder weiter. Vorn der Bobbo. Dann der Babba. Dann die Bubbu. Dann das Bibbelchen. Dann der Jochen ...
Und unten auf der Erde schlug Bobbo einen Salto. Babba spielte mit Bubbu Pferd und Reiter. Bibbelchen trug das Gepäck. Und dann kamen sie zum großen Vater Hirsch.

Der große Vater Hirsch

Auf der Wiese vor dem Blaubeerwald stand der große Vater Hirsch. »Wo geht ihr denn hin, Kinderchen?« fragte er.
»In die Welt hinaus«, sagten die Hasenkinder, »das Leben erforschen. Aber uns kann nichts passieren, denn wir wissen Bescheid, und wir fürchten uns vor dem Fuchs, und wir haben Bücher, und der Hahn hat gesagt, das ist gut so.«
»Das ist gut«, sagte auch der große Vater Hirsch. »Und wißt ihr denn auch, wie man den Fuchs erkennt?«
»O jaaa«, riefen die Hasenkinder, »er hat einen buschigen Schwanz hinten.«
»Das ist richtig«, sagte der große Vater Hirsch, »und vergeßt nie, was eure gute Mutter gesagt hat. So, und nun fürchtet euch vor dem Fuchs ...«
»Fürchten, fürchten?« rief einer von oben. »Vor dem Fuchs? Niemals. Soll er bloß kommen. Ich erlege ihn mit einer Pfote. Wo ist er denn?« Wo bist *du* denn, Jochen Gummibär? Ach, da. Jochen hält Ausschau nach dem Fuchs.
Dann hoppelten die Hasenkinder weiter.

Hasenkinder hebt die Beinchen,
hoppelt über Stock und Steinchen,
hoppelt um den Ententeich,
Hasenkinder, tummelt euch.

Der Hase Nickel

Dann kamen sie zum Hasen Nickel. Der Hase Nickel hatte drei Söhne und konnte schreiben, denn er trug eine Brille.
»Wo geht ihr denn hin, Kinderchen?« fragte der Hase Nickel.

»In die Welt hinaus«, riefen die Hasenkinder, »das Leben erforschen. Aber uns kann überhaupt nichts passieren, denn wir wissen Bescheid. Der Fuchs hat hinten einen buschigen Schwanz, das hat unsere gute Mutter gesagt. Und der Hahn auf dem Mist und der große Vater Hirsch haben das auch gesagt, und wir haben Bücher. Ist das gut so?«
»Das ist gut so«, sagte der Hase Nickel. »Aber kennt ihr denn auch die gefährlichen großen Tiere?«
»Nein«, sagten die Hasenkinder.
»Dann schreibe ich sie euch auf, damit ihr's nicht vergeßt. Also:
KROKODIL – LÖWE – TIGER – ELEFANT.
So, jetzt wißt ihr Bescheid.«
Sie steckten die Blätter in ihre dicken Bücher und hoppelten weiter. Vorne der Bobbo. Dann die Bubbu, der Babba, das Bibbelchen. Und Jochen Gummibär? Wo ist schon wieder der Jochen?

Hasenkinder, hebt die Beinchen,
hoppelt über Stock und Steinchen,
hoppelt um den Ententeich,
Hasenkinder tummelt euch.

Der Hase Wiesental

Als sie ins Wiesental kamen, war dort der Hase Wiesental mit seinen beiden Söhnen.
»Wo geht ihr denn hin, Kinderchen?« fragte er.
»In die Welt hinaus«, riefen die Hasenkinder, »das Leben erforschen. Aber uns kann nichts passieren, denn wir wissen Bescheid. Der Fuchs hat einen buschigen Schwanz hinten, und wir sollen uns fürchten, damit er uns nicht frißt, hat unsere gute Mutter gesagt. Das hat auch der Hahn auf dem Mist gesagt und der große Vater Hirsch, und wir haben Bücher. Wir kennen auch die gefährlichen großen Tiere. Ist das gut so?«
»Das ist gut so«, sagte der Hase Wiesental. »Aber fürchtet euch auch vor dem Jäger Hinze mit der Flinte.

Der Jäger Hinze
schießt mit Schrot
und seiner Flinte
Häschen tot.

Merkt euch das!« Und er zeigte ihnen und seinen zwei Söhnen den Jäger Hinze auf einem Bild.
»Ich mich fürchten?« rief Jochen Gummibär. »Vor dem Jäger Hinze? Nie und nimmer. Denn wer sich vor dem Fuchs nicht fürchtet, fürchtet sich vor gar nichts auf der Welt. Jawohl.«

Wo bist du schon wieder, Jochen?
Ach, da …

Ostereier-Malen ist schön

Dann hoppelten die Hasenkinder weiter. Bobbo spielte mit Bubbu Reiterspringen.
Babba spielte mit Bibbelchen Reiterspringen.
Jochen Gummibär hat einen Hirschkäfer gefangen – und besiegt.
Als sie auf die Lichtung kamen, war dort der Hase Rubens und bemalte Ostereier.

»Wo geht ihr denn hin, Kinderchen?« fragte er.
»In die Welt hinaus«, riefen die Hasenkinder nach oben. »Das Leben erforschen. Aber uns kann überhaupt nichts passieren, denn wir wissen Bescheid. Der Fuchs hat einen buschigen Schwanz hinten, und wir fürchten uns vor ihm, damit er uns nicht frißt. Wir haben dicke Bücher, und wir kennen die großen, gefährlichen Tiere. Der Hahn hat gesagt, das ist gut so. Das hat auch der Vater Hirsch gesagt und der Hase Nickel und der Hase Wiesental. Ist das gut?«
»Das ist gut«, sagte der Malerhase Rubens. »Aber noch besser ist, wenn man auch etwas Schönes kann. Ostereier-Malen ist schön und bringt Freude. Wollt ihr Ostereier bemalen?«
»O ja«, riefen die Hasenkinder, und der Malerhase Rubens gab dem Bobbo die rosa Farbe, der Bubbu die gelbe Farbe …
He, Bubbu! Was machst du denn da? So bemalt man doch keine Ostereier. Du faule Fliege!
Dem Babba die hellblaue Farbe.
Bibbelchen hat Orange auf dem Pinsel.
Und Jochen?
Jochen, bist du schon wieder im Wald auf der Suche nach Abenteuern?
Nein, das ist er ja. Malt mit Pink. Paß bloß auf, daß du nicht in den Topf fällst, sonst bist du nachher ein pinker Hase!
Sie haben zusammen über hundert Eier bemalt.
Da werden sich die Kinder zu Ostern aber freuen.

Hasenkinder hebt die Beinchen,
hoppelt über Stock und Steinchen,
hoppelt um den Ententeich,
Hasenkinder tummelt euch.

Tante Luleilala

Auf der Lichtung im Blaubeerwald wohnte die Hasentante Luleilala mit der schönen Gesangsstimme.
»Wo geht ihr denn hin, Kinderchen?« fragte sie.
»In die Welt hinaus und das Leben erforschen«, sagten die Hasenkinder.
»Aber uns kann überhaupt nichts passieren, weil wir schon längst Bescheid wissen:
Der Fuchs hat einen buschigen Schwanz hinten, hat unsere Mutter gesagt, und das hat auch der Hahn auf dem Mist gesagt.
Und der große Vater Hirsch und alle sagen das.
Wir fürchten uns vor ihm, damit er uns nicht frißt ...«

»Das ist gut so«, sagte die Hasentante Luleilala.
»Aber noch schöner ist es, wenn man etwas singen kann, denn das macht lustig und verschönt das Leben. Singt mir einmal nach:

Der Jäger in dem grünen Wald
schießt, wenn er mit der Büchse knallt.
Luleilala luleilala juchhe.
Schießt kleine Hasenkinder tot,
der Schnee ist weiß,
das Blut ist rot.
Luleilala luleilala
o weh.«

Nur Jochen Gummibär singt nicht mit. Wo bist du denn nur? Er sagt, wer sich nicht fürchtet, der ist sowieso lustig, der braucht nicht zu singen.
Wir sehen dich: Du fliegst oben in der Luft. Hast dir eine Hummel mit dem Lasso gefangen.

Und was geschah beim Ententeich?

Als sie zum Ententeich kamen, trafen sie dort niemanden. Sie suchten hinter dem Gebüsch – niemand. Sie guckten hinter das hohe Gras – niemand. Aber als sie zu der Scheune hinter dem Ententeich kamen, trafen sie einen freundlichen, roten Mann ohne Hut. »Wo geht ihr denn hin, Kinderchen?« fragte er mit seiner spitzen Schnauze. *Das war nämlich der Fuchs.*

»In die Welt hinaus«, sagten die Häschenkinder, »das Leben erforschen. Aber wir wissen Bescheid, und uns kann nichts passieren, weil wir uns vor dem Fuchs fürchten, denn er hat hinten einen buschigen Schwanz dran. Hat unsere gute Mutter gesagt. Das hat auch der Hahn auf dem Mist gesagt und der große Vater Hirsch. Wir haben sogar Bücher. Was haben *Sie* denn hinten dran? Haben Sie vielleicht einen buschigen Schwanz? Drehen Sie sich mal um!«

Da drehte sich der Fuchs um. Und was hatte er hinten dran? Nichts. Weil er den buschigen Schwanz zwischen die Beine geklemmt hat. Und das hat ihnen die gute Hasenmutter nicht gesagt. Das hat der Hahn auf dem Mist nicht gesagt, und es nutzte ihnen auch nichts, daß sie Ostereier bemalen konnten, und auch nichts, daß sie schön singen konnten. Denn wahrscheinlich wird der Fuchs sie fressen.
»Er hat kcincn Schwanz hintcn«, ricf Bubbu, »dann ist er auch nicht der Fuchs, dann kann er uns auch nicht fressen. Ist das gut?«
»Das ist gut«, sagte der Fuchs, »dann werde ich euch ein kleines Stück begleiten. Kommt nur?«
Indessen lief ihm schon das Wasser im Mund zusammen, und er wetzte seine Zähne mit seiner scharfen Zunge.
Jochen Gummibär, Jochen Gummibär!! Wo bist du bloß? Wir brauchen dich. Hoffentlich bist du nicht weg.

Er ist nicht weg. Er rennt wie ein Wiesel davon, läuft in den Blaubeerwald. Er will den Jäger Hinze suchen.
Jochen, fürchtest du dich denn auch nicht vor dem Jäger Hinze?

> Der Jäger Hinze
> schießt mit Schrot
> und seiner Flinte
> Hasen tot.

»Quatsch«, sagt Jochen Gummibär, »da kommt er schon.«
Und Jochen Gummibär legte sich mitten in den Weg. Er stellte sich tot. Und als der Jäger Hinze mit seinen Schnürstiefeln direkt vor ihm stand, war er hoch wie der Himmel. Von unten gesehen.
»Nanu, ein kleiner Hase«, sagte er. »Klein wie ein Fingerhut, das ist aber ein seltenes Tierlein. Ich werde es mitnehmen für meine Kinder. Wir werden es mit Milch großpeppeln. Und es kann in einer Nußschale neben meiner Tochter Luzie schlafen.«
Er bückte sich, wollte das Häschen aufheben, da sprang Jochen Gummibär wie ein Blitz hoch und rannte davon.
Der Jäger Hinze hinterher.
Jochen quer durch den Blaubeerwald. Lief dorthin, wo der elendige Fuchs seine Geschwister in den Tod führen wollte.
Und der Jäger Hinze hinter ihm her, konnte ihn nicht fangen. Und da war schon der Fuchs. Na, man kann sich denken, was geschah. Ein Schuß mit Schrot, der Fuchs war tot! So war das. Hasenkinder alle gerettet. Und jetzt nichts wie nach Haus mit euch!
Da war die gute Hasenmutter aber sehr froh, als ihre Kinderchen alle gesund nach Hause kamen. Sie beküßte und beschnupperte sie, kochte ihnen eine gute Krautsuppe und erzählte ihnen nie wieder diesen Quatsch vom Fuchs mit dem Schwanze hinten. Sie überlegte jetzt immer ganz genau, ob es auch stimmt, was sie ihnen sagte.
Nachts, wenn der Mond über dem Blaubeerwald schien, träumten die Hasenkinder noch oft den Traum vom toten Fuchs. Ohne Furcht, denn Furcht ist nicht gut. Mut muß man haben, ganz viel Mut, ihr Hasenkinder!

Die Maus hat rote Strümpfe an,
damit sie mich mal küssen kann.

Schlaf, mein Löwe, schlaf.
Dein Vater ist ein Schaf.
Deine Mutter ist ein Blümelein,
und du mußt ein starker Löwe sein.
Schlaf, mein Löwe, schlaf.

Inhalt

Heiliger St. Florian
Zünd' endlich mal mein Häuschen an!
Dann kauf ich mir ein Schiffsjuchhe
und fahr zum Titicacasee.

Ein Kakadu, ein Kakadu,
der flog mir durch das Fenster zu.
Macht' 'nen Fleck
und flog weg.